www.ingramcontent.com/pod-product-compliance
Lightning Source LLC
Chambersburg PA
CBHW071210220526
45468CB00002B/562
* 9 7 8 1 7 9 1 9 4 8 7 8 8 *